AF091724

www.ingramcontent.com/pod-product-compliance
Lightning Source LLC
LaVergne TN
LVHW012110070526
838202LV00056B/5693

سفر اور سحر
(شاعری)

عظمت عبدالقیوم خان

© Azmat Abdul Qayyum

Safar aur Sahar *(Poetry)*
by: Azmat Abdul Qayyum
Edition: November '2024
Publisher :
Taemeer Publications LLC (Michigan, USA / Hyderabad, India)

ISBN 978-81-19022-84-7
9 788119 022847

مصنفہ یا ناشر کی پیشگی اجازت کے بغیر اس کتاب کا کوئی بھی حصہ کسی بھی شکل میں بشمول ویب سائٹ پر اَپ لوڈنگ کے لیے استعمال نہ کیا جائے۔ نیز اس کتاب پر کسی بھی قسم کے تنازع کو نمٹانے کا اختیار صرف حیدر آباد (تلنگانہ) کی عدلیہ کو ہو گا۔

© عظمت عبدالقیوم خان

کتاب	:	**سفر اور سحر**
مصنفہ	:	**عظمت عبدالقیوم خان**
صنف	:	شاعری
ناشر	:	تعمیر پبلی کیشنز (حیدر آباد، انڈیا)
سالِ اشاعت	:	۲۰۲۴ء
صفحات	:	۱۴۴
سرورق ڈیزائن	:	تعمیر ویب ڈیزائن

فہرست

اے خدا	۱۷
ہمارے محمدؐ	۱۹
قطعہ	۲۱
قطعہ	۲۲
قطعہ	۲۳
قطعہ	۲۴
قطعہ	۲۵
مثنوی	۲۶
رحمتِ عالم کے حضور میں (مثنوی)	۲۷
مدینہ منورہ سے واپسی	۴۶
سلام	۴۹

سلام اُس پہ	۵۲
سرتاجِ محمدؐ	۵۵
محمدؐ کا زباں پہ نام آیا	۵۸
نذرِ عقیدت (بحضور سرکارِ دو عالم سرورِ کائناتؐ)	۶۰
شانِ محمدؐ	۶۲
دربارِ مدینہ	۶۴
عرضِ تمنا	۶۶
التجا	۶۸
شوقِ زیارت	۷۲
آقا میرے آقا	۷۵
دیا ہے جو سے مدینے کی راہوں میں	۸۱
؟	۸۵
مدینے میں	۹۱
قطعہ	۱۰۲
سوادِ کعبہ میں	۱۰۳
منکرانِ خدا سے	۱۲۰
قطعہ	۱۲۵

قطعہ	۱۲۶
قطعہ	۱۲۷
قطعہ	۱۲۸
قطعہ	۱۲۹
قطعہ	۱۳۰
قطعہ	۱۳۱
۔۔۔ اور ۔۔۔ آج	۱۳۲
قطعہ	۱۳۱
درِ حرم پر	۱۳۲
قطعہ	۱۳۳

سفر اور سحر (شاعری)

عظمت عبدالقیوم خان

سفر اور سحر

عظمت

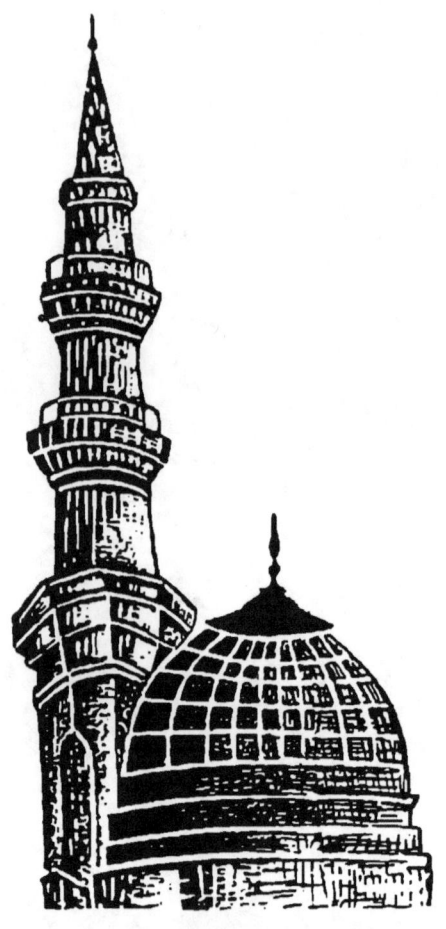

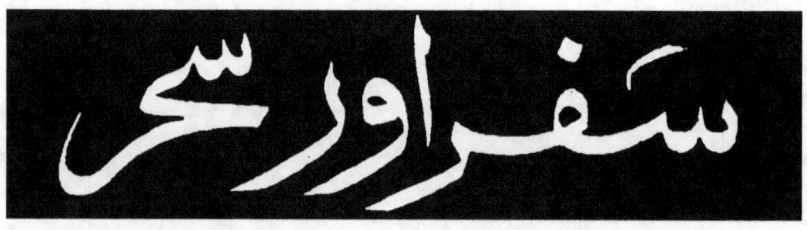

سفر اور سحر

عظمت عبدالقیوم خاں

اے سرزمینِ عرب

توکس قدر مبارک اور مقدس ہے کہ تیری
چھاتی سے آج بھی اللہ اکبر کی صدا اٹھتی ہے ۔
تیرے جلتے ہوئے ریگستانوں پر آج بھی رسول اللہ
اور ان کے رفقاء کے نقشِ قدم جگمگا رہے ہیں
اور کتنا مبارک ہے وہ شہر جس کی گلیوں میں
بلالؓ کی والہانہ اذانیں آج بھی دعوتِ توحید
دے رہی ہیں۔ کاش میں بھی تیرے ریگستانوں
میں کہیں گم ہو جاؤں اور میرا جسم بھی تیری جلتی ہوئی
ریت میں مل کر ہوا کے تیز و تند جھونکوں کی طرح
ہمیشہ اڑتا رہے تیری پاک سرزمین پہ موت بھی
حیاتِ دائمی ہے۔

۱۹۶۶ء کی ایک چمکتی ہوئی صبح تھی جب میں اپنے رفیقِ حیات محمد عبدالقیوم خاں صاحب کے ساتھ مکۂ معظمہ کی مقدس سرزمین کو نگاہوں سے چوم رہی تھی۔ دامنِ دل آنسوؤں سے تر تھا اور وفورِ جذبات سے میرے قدم لڑکھڑا رہے تھے۔ ابھرتے ہوئے آفتاب کی تیز کرنوں میں انسانوں کا ٹھاٹھیں مارتا ہوا سمندر سامنے تھا اور جیسے ذرّہ ذرّہ ایک والہانہ انداز میں پکار رہا تھا۔

"لاریب ساری تعریفوں کے لائق صرف اللہ
ہے ہم اس کی عبادت کرتے ہیں۔ وہی عفو، سلامتی کا

دینے والا ہے۔"

میرے خیالات کا سلسلہ لمبا ہوتا چلا گیا۔ یہ حج کا زمانہ تھا اور لاکھوں بندگانِ خدا دنیا کے دور دراز مقامات سے پروانہ وار کھنچے چلے آئے تھے۔ عجیب سماں تھا۔ آخر وہ کون سی کشش تھی کہ مصر۔ شام۔ عراق، انڈونیشیا۔ ایران۔ ترکی۔ ملایا۔ ہندوستان۔ پاکستان۔ روس۔ امریکہ۔ چین اور دنیا کے دوسرے سبھی بعید ترین گوشوں سے لوگ تمام تاریخی، لسانیاتی اور جغرافیائی اختلافات کو مٹا کر اور نسل و رنگ کے حصاروں کو توڑ کر یہاں ایک مرکز پر جمع تھے۔ فضا میں دور دور تک دعاؤں، مناجاتوں اور توبہ و استغفار کی خوشبو پھیلی ہوئی تھی —— اور اللہ کا گھر اپنے پورے جاہ و جلال کے ساتھ جلوہ فرما تھا۔ —

" اے ارضِ مکہ تیرا ذرّہ ذرّہ مہرِ درخشاں سے زیادہ تابناک اور روشن ہے۔"

یہیں تو کروڑوں برس کی بھٹکتی ہوئی تاریخ نے جس کے جسم پر دنیا کے بے شمار شدادوں اور نمرودوں کی جھوٹی خدائی کے رستے ہوئے ناسور تھے غسلِ صحت کیا اور صدائے توحید کی روشنی کو ساتھ لے کر کون و مکاں پر چھائی ہوئی تاریکی میں ایک نئی سحر کا اعلان کیا —— اے سرزمینِ مکّہ تو تصورات کے سارے آسمانوں سے بلند تر ہے کہ تیرے سینے

پر خدا کا پہلا گھر تعمیر ہوا اور پہلی بار عبد و معبودِ حقیقی کا رشتہ سمجھ میں آیا۔

میں سوچ رہی تھی اور میرے دل کی دھڑکنیں تیز تھیں ——— اور زندگی بھر کے دیکھے ہوئے خواب تعبیروں سے ہمکنار تھے یہی تو وہ سرزمین تھی جہاں رسول اللہ نے پیامِ حق دے کر اوہام و عقائد کے طلسمات میں جکڑی ہوئی صدیوں کی روح کو آزاد کر دیا ..... مکۃ معظمہ کے تجلیات سے معمور شب و روز گزر گئے اور روقتِ وداع آ پہنچا ——— الوداع اے حرمِ کعبہ ———

"اے حجرِ اسود۔ اے مسجدِ حرام کے بلند و پُر شکوہ
مینارو! اے خوش نصیب طائرانِ حرم تم سب
گواہ رہنا کہ میں نے تمہارے دراز سایوں میں سجدے
کیے ہیں اور معبودِ حقیقی سے عفو و درگزر کی دعائیں مانگی
ہیں اور اپنے دل کے گوشوں میں چھپا کر اس نور کو لے
جا رہی ہوں جو ہر اندھیرے میں روشنی دیتا رہے گا۔"

یہاں موقع نہیں ہے کہ میں اپنے سفر کی تفصیلات کو شرح و بسط کے ساتھ پیش کروں مختصراً یہ کہ فریضۂ حج کی ادائی کے بعد جو دن دیارِ رسولؐ میں گزرے وہ حاصلِ حیات ہیں۔ مکہ تمام جلال ہے تو مدینہ یکسر جمال مجھے کچھ ایسا محسوس ہوا جیسے رحمتوں کے سائے

بھی میرے ساتھ ساتھ چل رہے ہیں۔ بلاشبہ ہجرت کے بعد رسول اللہ ﷺ نے مدینے میں جو عرصہ دراز تک قیام فرمایا تو براہِ راست یہاں آپ کے اخلاقِ حسنہ کا اثر پڑا یہی وجہ ہے کہ آج بھی یہاں کے در و دیوار عرش کے زیرِ سایہ نظر آتے ہیں۔

آج جبکہ تاریخ اپنے اوراق جلد جلد الٹ رہی ہے اور وقت کی تیز رفتار ترقیوں نے زمین کی ساری وسعتوں کو سمیٹ لیا ہے عقل و سائنس کی اڑانیں ——— خلاؤں کی تسخیر۔ مادی اسباب و وسائل کی فراوانی کا ایک بڑھتا ہوا طوفان سامنے ہے۔ کیا انسان کو سکون و چین کا ایک لمحہ بھی نصیب ہو سکا ہے۔ تعلیم و ترقی کے یہ بے شمار دعوے کیا خود اپنے لیے ایک طنز نہیں بن چکے ہیں۔ کچھ ایسا لگتا ہے کہ ہر سو تخریب و تباہی کا آسیب زدہ ویرانہ پھیلا ہوا ہے اور ہر ایک نظریہ دیا ستِ ایک دوسرے سے متصادم ہو کر دنیا کو بہت تیزی کے ساتھ اجل کی تاریک وادیوں کی طرف لیے جا رہا ہے۔

"اے نبی کہہ دو کہ سلامتی صرف ان کے لیے ہے جنھوں نے باطل خداؤں سے منہ موڑ کر صرف خدائے لاشریک لہ کی اطاعت کی اور اپنے سامنے

ایک نیک مقصد کو رکھا۔ اپنے گناہوں سے تائب ہوئے
اور خدا کی زمین پر فتنہ و شر کو نہیں پھیلایا یہ درخت، یہ
میدان، یہ پہاڑ سب کچھ فنا ہو جائیں گے ـــــ اور جان
لو کہ قیامت قریب ہے۔"

میرا خیال ہے کہ آج بھی دنیا کے لیے وہی پیام ابدی ہے جو دربارِ مدینہ سے نکل کر فکر و نظر کے ہر ایک گوشے کو جگمگا رہا ہے۔ یہی وہ ترو تازہ سحر ہے جو میں مدینے سے لے کر لوٹ رہی ہوں اور یہی اس کتاب کو پیش کرنے کا مقصد بھی ہے۔ یہ میرے دل کی دھڑکنیں ہیں جن کو میں نے شعر کا لباس پہنا دیا ہے۔

عظمت عبدالقیوم خاں

۵ جون ۱۹۶۷ء

خیاباں۔ امیر پیٹ، حیدرآباد

سفر اور سحر (شاعری)   عظمت عبدالقیوم خان

بہ مصطفیٰ برساں خویش را کہ دیں ہمہ اوست
اگر بہ او نہ رسیدی تمام بولہبی است
(اقبالؔ)

اے خدا

نام لیتے ہیں اے خدا تیرا
زندگی کو ہے آسرا تیرا

لفظ کُن کا ظہور ہے دنیا
دو جہاں میں نہیں ہے کیا تیرا

ذاتِ واحد ہے مالک و مختار
نور مطلق وہی سدا تیرا

ہر نفس شکر بن کے رہ جائے
شکر پھر بھی نہ ہوا دا تیرا

مل گئی ساری کائنات اس کو
بندگی میں جو ہو گیا تیرا

رات دن یہ دعا ہے عظمتؔ کی
فضل ہو جائے اک ذرا تیرا

ہمارے محمدؐ

فضائیں تیری اے دیارِ محمدؐ
دل و جاں کروں میں نثارِ محمدؐ

زمین و زماں کا بھلا ذکر کیا ہے
خدائی پہ ہے اختیارِ محمدؐ

نہ چھیڑے کوئی ذکر خلدِ بریں کا
کہ خلدِ بریں ہے دیارِ محمدؐ

یہ شام و سحر بھی ہیں قربان و صدقے
یہ ہیں مہر و مہ بھی نثارِ محمدؐ

ہم آئے ہیں کتنے ہی کانٹوں پہ چل کر
ترے واسطے اے بہارِ محمدؐ

مجھے فخر کچھ ہے تو یہ فخر عظمتؔ
کہ میں بھی ہوں اک بیقرارِ محمدؐ

قطعہ

شہِ کونین کا عظمتؔ زباں پر نام آتے ہی
نگوں سر ہو گئے اوہام کے سارے صنم خانے
اگر مقبول ہو جائیں تو مہر و ماہ بن جائیں
دکن سے ہم جو لے کر آئے ہیں اشکوں کے نذرانے

قطعہ

جو مدّت سے ادھوری رہ گئی تھی
مکمل وہ کہانی آج ہو گی
شہِ معراج کی مدحت سرائی
یہی عظمت مری معراج ہو گی

قطعہ

تمام عمر مجھے انتظار تھا جس کا
زہے نصیب کہ وہ ساعتِ حسین آئی
نظر کے سامنے عظمت ہے گنبدِ خضرا
کہ آج فرش پہ خود عرش کی ہے رعنائی

قطعہ

اے مدینہ اے مری ساری امیدوں کے دیار
زندگی بھر پھول یادوں کے مہکتے جائیں گے
جاتے جاتے بھی جسے ہم لوگ اپنا لے گئے
وہ اُجالے قلبِ عظمتؔ پر صدا لہرائیں گے

قطعہ

سلام ارضِ مقدس مرا سلام تجھے
ہمیشہ خیمۂ دل میں تیرا قیام رہے
حیاتِ شوق کٹے بھی تو یوں کٹے عظمت
محمدِ عربی کا زباں پہ نام رہے

مثنوی

وقت آیا دُعا قبول ہوئی
کھِل گئی جب کلی تو پھول ہوئی

کیا مقدس ہے یہ سفر اپنا
جان اپنی نہ مال و زر اپنا

فرض کا ایک ہی خیال ہے اب
فکر دنیا بھی ایک وبال ہے اب

کچھ نہیں عجز بندگی کے سوا
ایک بے نام بے خودی کے سوا

شکر ہے تیرا ایزدِ باری
یہ وظیفہ ہے رات دن جاری

عالم الغیب ہے کریم ہے تو
کوئی تجھ سا نہیں عظیم ہے تو

ساری دنیا کو پالنے والا
ظلمتوں سے نکالنے والا

تیرے ابرِ کرم کو جوش آیا
اور ہم نے بھی مُدّعا پایا

بحر کو چیرتا جہاز چلا
ہم کو لے کر سوئے حجاز چلا

سفر اور سحر (شاعری) عظمت عبدالقیوم خان

ہر گھڑی ایک انقلاب سا ہے
دل کی دنیا میں اضطراب سا ہے

جتنی موجیں ہیں اس سمندر میں
اتنے آنسو ہیں دیدۂ تر میں

مئے توحید تو پلا ساقی
لب پہ رہتا ہے بس ہوالباقی

کوئی اپنا نہ کوئی بے گانہ
دل ہے شمع حرم کا پروانہ

کون دیکھے یہ تنگ دامانی
لاکھ سجدے ہیں ایک پیشانی

حمد کرتے ہیں دو جہاں تیری
چار سو ہیں تجلیاں تیری

حج کا ارمان کب سے تھا دل میں
جل رہا تھا چراغ محفل میں

تو نے سُن لی پکار بندوں کی
اور قسمت چمک گئی اپنی

عبد معبود کے حضور چلے
بخشوانے ہر اک قصور چلے

ساتھ اب فکرِ ما و من بھی نہیں
حشر انگیزیٔ کہن بھی نہیں

فاصلہ ۔۔ فاصلہ نہیں ہوتا
تو جو چاہے تو کیا نہیں ہوتا

حاکم الحکم قادرِ مطلق
سامنے تیرے ہے ہر ایک ورق

لفظِ کُن کا ظہور کون و مکاں
سر بہ سجدہ خیالِ شرح و بیاں

ذرّے ذرّے میں بات بات میں ہو
ذات میں ہے کہیں صفات میں ہو

دل جو دھڑکا تو روح تھرّائی
منزلِ شوق جب قریب آئی

یہ سعادت بھی ہے عطا تیری
مہربانی ہے اے خدا تیری

اپنے گھر تک ہمیں بلایا ہے
راستہ فرض کا دکھایا ہے

بندگی کا مقام آ ہی گیا
رحمتوں کا سلام آ ہی گیا

نظم عالم کی سانس رکتی ہے
سر کے جھکتے ہی روح جھکتی ہے

سب غریب و امیر ایک ہیں آج
جیسے بدلا ہے وقت ہی کا مزاج

جان و تن کا کسی کو ہوش نہیں
ماضی و حال کا خروش نہیں

سب نے پہنا ہے جامۂ احرام
یاد آغاز ہے نہ اب انجام

ہر نظر جلوہ گاہِ طور ہے اب
جو بھی ہے وہ ترے حضور ہے اب

ہر طرف عاجزی نگونساری
قلب و جاں پر ہیں رقتیں طاری

یاد اک تو ہے کوئی یاد نہیں
نامرادی بھی نامراد نہیں

اے خداوندا! اے خداوندا
ہر طرف سے یہ آ رہی ہے صدا

دین و دنیا کو ہمنوا کر لو
آؤ اب اپنی جھولیاں بھر لو

مرکز اعتبارِ قلب و نگاہ
ہے فقط لا الہٰ الا اللہ

نور تقدیس کا ہوا چرچا
ہم ہیں اور ہے طواف کعبے کا

مالکِ دو جہاں سے کیا مانگیں
کون سے درد کی دوا مانگیں

اپنے کہنے کی کیا ضرورت ہے
جوش میں آج اس کی رحمت ہے

مانگیے بھی تو اب دعا کیوں کر
رازِ کونین ہے عیاں اس پر

دل کے زخموں کو اے خدا بھر دے
اور سب کچھ ہمیں عطا کر دے

کیا کمی ہے ترے خزانے میں
تیری قدرت کے کارخانے میں

زندگی دے سکون و راحت دے
نیک توفیق دے فراغت دے

نیک توفیق کا سہارا ہو
ہر قدم پر ترا اشارا ہو

ہر عطا ہو تری عطا کی طرح
اور ہم سر بہ سر دعا کی طرح

ہر مصیبت سے ہر خطا سے بچا
ہم کو دنیا کی ہر بلا سے بچا

دے تو عزت بھی دے وقار بھی دے
عزم و اخلاص کی بہار بھی دے

صدق و ایماں کا نور ساتھ رہے
زندگی کا شعور ساتھ رہے

اور اس کے سوا بھی ربِّ کریم
ہے یہ تجھ سے دعا بہ قلبِ صمیم

روحِ اسلام کو جگا مولیٰ
گرنے والوں کو پھر اٹھا مولیٰ

نقشِ توحید پھر ابھر آئے
پھر زمانے کا رخ بدل جائے

پھر بہار آئے پھول کھل جائیں
سلسلے سلسلے سے مل جائیں

ہر مسلمان مرد غازی ہو
پاک طینت ہو اور نمازی ہو

ان کر دے پھر جہاں کی سرداری
ہر جگہ ہو خلوص و بیداری

بات تیری ہو نام تیرا ہو
زندگی اک نیا سویرا ہو

پھر عطا کر دہ ہمتِ عالی
جس سے مٹ جائے یہ زبوں حالی

کھول دے ان پہ رازِ قرآنی
صاف ہو گردِ نامسلمانی

حق پرستی کا بول بالا ہو
پھر جہاں میں وہی اجالا ہو

اس سے آگے زبان عاجز ہے
ہم ہیں عاجز بیان عاجز ہے

ہم ہیں مجبور اور تو مختار
یا خدا! یا مجیب! یا غفار

رحمتِ عالم کے حضور میں

مثنوی

کعبۃ اللہ سے نکل کے چلے
اور پھر اس دیار میں پہنچے

جو امیدوں کی پاک بستی ہے
رحمتِ حق جہاں برستی ہے

ذرہ ذرہ ہے آفتاب جہاں
فرش ہے عرش کا جواب جہاں

کعبۂ جاں ہے کعبۂ دل ہے
جو ہر اک آرزو کی منزل ہے

جس کی مٹی ہے چارہ سازِ حیات
جن فضاؤں میں ہے پیامِ نجات

جو نبی کا دیار کہلائے
جس پہ جنت کو رشک آجائے

وہ نبی، وہ رسول، وہ سردار
مطلعِ نور و واقفِ اسرار

نورِ مطلق بہ شکلِ انسانی
اور محبوبِ شانِ ربّانی

وہ جو آیا تو انقلاب آیا
قلبِ ہستی میں آفتاب آیا

اس سے پہلے عجیب عالم تھا
زندگی کا نظام برہم تھا

تیر و تلوار کے زمانے تھے
کفر کے جہل کے فسانے تھے

ہر جگہ ظلم تھا تباہی تھی
اور چھائی ہوئی سیاہی تھی

آدمی کے لہو کی ارزانی
بے حیائی۔ گناہ۔ عریانی

کوئی قیصر تھا کوئی کسرا تھا
عیش و عشرت کا ایک دھوکہ تھا

جرم و عصیاں کی شمع جلتی تھی
تیرگی جھوم کر نکلتی تھی

حال کچھ اور تھا زمانے کا
طور بے طور تھا زمانے کا

آگ تھی ۔ غم تھی ۔ زہر تھی دنیا
سر بہ سر ایک قہر تھی دنیا

جاگتے دل نہ تھے دماغ نہ تھے
راستے میں کہیں چراغ نہ تھے

غمزدہ چیختی فضائیں تھیں
وحشتیں تھیں یہاں بلائیں تھیں

دلبری تھی نہ کوئی دلداری
ہر طرف اک جنون تھا طاری

عام چرچے تھے بت پرستی کے
رِستے جاتے تھے زخم ہستی کے

کوئی جلوہ نہ تھا نظام نہ تھا
آدمیت کا احترام نہ تھا

تھا جہاں میں غبار صدیوں کا
اور کندھوں پہ بار صدیوں کا

ایسے عالم میں وہ رسول آیا
اور شام و سحر کو چمکایا

ہوسِ خام کا فسوں ٹوٹا
بُت پرستی کا سر ہوا نیچا

ظلم اتنا مِٹا کہ خاک ہوا
زہر آگیں ضمیر پاک ہوا

کفر کے حوصلوں کو موت آئی
روشنی تیرگی سے ٹکرائی

رزم گاہوں کا جوش سرد ہوا
کج روی کا غرور گرد ہوا

وہ خدا کا نبی جو سچا تھا
جو مسیحاؤں کا مسیحا تھا

ہم جو اس کے دیار میں آئے
تو اُمیدوں کے خواب لہرائے

یا محمدؐ زبان پر آیا
قلب و جاں نے بڑا سکوں پایا

اے مدینہ تیری فضاؤں میں
اور ان جھومتی ہواؤں میں

سانس لینا بھی اک عبادت ہے
چارسُو نغمۂ شفاعت ہے

آرزوؤں کی جلوہ گاہیں ہیں
عاصیوں کے لیے پناہیں ہیں

کیفِ ہستی بھی ہے بہار بھی ہے
چارۂ زخمِ روزگار بھی ہے

حسنِ فردوس کا یقیں ہے یہاں
اور سب کچھ ہے۔ کیا نہیں ہے یہاں!

عرش کا ہر قدم پہ زینہ ہے
بارگاہِ شہِ مدینہ ہے

اس طرف بھی ہو اک کرم کی نگاہ
در پہ حاضر ہیں یا رسول اللہ

آپ جو چاہیں وہ خدا چاہے
یک نظر سوئے ما کہ گمراہے

کیا لکھے اور خامۂ حیرت
واقعی خوش نصیب ہے عظمتؔ

شکریہ اضطرابِ دل تیرا
جلوہ گاہِ رسول تک لایا

روضۂ پاک کا ہوا دیدار
مل گئی ہم کو دولتِ بیدار

سجدۂ بے مثال کے دن ہیں
عشرتِ لازوال کے دن ہیں

آنکھ اٹھائیں نہ آج لب کھولیں
صرف دل کی زبان سے بولیں

کام ایسے میں چشمِ تر آئے
بات جب ہے کہ بات بن جائے

با ادب ہے ہر اک شعور یہاں
ذرّہ ذرّہ ہے کوہِ طور یہاں

سر نہ اٹھے کہ سنگِ در ہے یہی
اے جنون حاصلِ سفر ہے یہی

یا محمدؐ! وظیفۂ جاں ہے
ہر نفس ہر نظر ثناخواں ہے

سفر اور سحر (شاعری) عظمت عبدالقیوم خان

مدینۂ منوّرہ سے واپسی پر

رخصت اے سرزمینِ عرش مثال
ہم ترے خواب لے کے جاتے ہیں
قلبِ غمناک لے کے آئے تھے
روحِ شاداب لے کے جاتے ہیں

●

رخصت اے سرزمین عرش مثال
عمر بھر تیری یاد آئے گی
اور اک اک گلی مدینے کی
دل کے نزدیک جگمگائے گی

•

جب خیالوں میں روشنی ہوگی
سامنے ہوگا گنبدِ خضرا
جب اندھیروں کے جال پھیلیں گے
آرزوؤں کا چاند نکلے گا

ہم سے پوچھے کوئی تو کہہ دیں گے
زندگی عظمتوں کا زینہ ہے
دہر میں چارہ سازِ اہلِ وفا
صرف خاکِ درِ مدینہ ہے

•

رخصت اے سرزمینِ عرش مثال
جان و دل تیرے پاس چھوڑ آئے
جس کے ماتھے پہ دھول ہو تیری
کیوں نہ وہ ذی وقار بن جائے

•

اے دیارِ حبیب عظمتؔ کا
ہر نفس اب ترا فسانہ ہے
ایک ذرّہ درِ محمدؐ کا
دو جہاں کا بڑا خزانہ ہے

•

سلام

سلام اس پر کہ جس نے وقت کی راہوں کو چمکایا
خدا کا۔ بندگی کا۔ زیست کا مفہوم سمجھایا

سلام اس پر کہ جس کے ہاتھ میں ساری خدائی ہے
رسولِ پاک محبوبِ خدا بن کر یہاں آیا

سلام اس پر کہ جس کو ہادیٔ برحق کہا سب نے
وہ نورِ محفلِ کون و مکاں جس کا نہ تھا سایا

سلام اس پر کہ جس کے نام کے ادنیٰ غلاموں سے
غرورِ کج کلاہی کا ہر اک انداز تھرّایا

سلام اس پر کہ جس کا ہر نفس الہام تھا گویا
جو قلبِ تیرگی میں شعلۂ ایماں کو بھڑکایا

سلام اس پر کہ خود تعریف کرتا ہے خدا جس کی
جو دنیا کے لیے قرآں سا اک معجزہ لایا

سلام اس پر دیا جس نے سہارا بے سہاروں کو
رسولوں کا ازل سے تا ابد سرتاج کہلایا

سلام اس پر جو آیا رحمت اللعالمیں ہو کر
رہِ ہستی میں سورج کی طرح ذرّوں کو چمکایا

سلام اس پر کہ جس کے نقشِ پا کو چومنے اے دل
زمیں پر کاروانِ ماہ و انجم بھی اتر آیا

سلام اس پر کہ جس کی رحمتوں کی چھاؤں میں عظمت
خیالِ زندگی نے بھی سکون زندگی پایا

سلام اس پر...

السلام اے ہادیٔ برحق شہِ کون و مکاں
آپ کے جلوؤں سے روشن ہے زمین و آسماں

ظلم کی طغیانیوں میں۔ کفر کے سیلاب میں
آپ کا پیغام ہے اک کشتیٔ امن و اماں

آپ نے باطل خداؤں کی خدائی چھین کر
کر دیا انسانیت کو دینِ حق کا راز داں

ہو گیا ثابت ہر اک پر آپ کی معراج سے
کس قدر محبوب رکھتا ہے خدائے دو جہاں

آپ کے ادنیٰ غلاموں نے مٹا کر رکھ دیئے
قیصر و کسریٰ کی سطوت کے حکومت کے نشاں

یا محمدؐ آپ کا نام مبارک جب لیا
دور ہو جاتی ہیں غم کی یاس کی تاریکیاں

آپ نے قرآن کی جانب بلایا دہر کو
وقت کی ناکامیوں کو یوں بنایا کامراں

آپ کے آتے ہی دنیا میں اجالا ہو گیا
ہر طرف کچھ اور ہی جیسے نظر آیا سماں

نظمِ عالم کو حقیقت میں بدل کر آپ نے
ذرّے ذرّے کو بنایا آفتاب ضوفشاں

المدد یا سرورِ کونین یا خیر الانام
آپ کی اُمّت پہ ہے پھر سخت وقتِ امتحاں

ہٹتے جاتے ہیں مسلماں آج اپنی راہ سے
گھر بنا تی جا رہی ہیں قلب میں مایوسیاں

ان کے سینوں میں ہے اب حرص و ہوس کی بے حسی
جن کے سینوں میں تھیں ایماں کی تڑپتی بجلیاں

عظمتِ مجبور کی جانب بھی ہو جائے نظر
اے شہِ ارض و سماں محبوبِ حق فخرِ جہاں

سرتاج محمدؐ

دنیا میں رسولوں کے ہیں سرتاج محمدؐ
محبوبِ خدا صاحبِ معراج محمدؐ

طوفان حوادث میں امیدوں کا کنارا
اے اُمّتِ مرحوم ترا آج سہارا

دنیا میں رسولوں کے ہیں سرتاج محمدؐ
محبوبِ خدا صاحبِ معراج محمدؐ

رک جائیں وہیں گردشِ ایام کے سائے
اک بار جو یہ بات لبِ شوق پہ آئے

دنیا میں رسولوں کے ہیں سرتاج محمدؐ
محبوبِ خدا صاحبِ معراج محمدؐ

بیدار ہیں اب عرش سے تا فرش فضائیں
کہتی ہیں یہی جھوم کے جنت کی ہوائیں

دنیا میں رسولوں کے ہیں سرتاج محمدؐ
محبوبِ خدا صاحبِ معراج محمدؐ

ہوتے نہ زمانے میں تو ہوتا نہ زمانہ
رحمت کا لٹاتے ہوئے آئے ہیں خزانہ

دنیا میں رسولوں کے ہیں سرتاج محمدؐ
محبوبِ خدا صاحبِ معراج محمدؐ

آتے ہی ڈھلی وقت کے چہرے کی سیاہی
وہ شان کہ قرآن بھی دیتا ہے گواہی

دنیا میں رسولوں کے ہیں سرتاج محمدؐ
محبوبِ خدا صاحبِ معراج محمدؐ

عظمت کے چمکتے ہوئے خوابوں کے ستارو
رہ رہ کے یہی فرطِ عقیدت سے پکارو

دنیا میں رسولوں کے ہیں سرتاج محمدؐ
محبوبِ خدا صاحبِ معراج محمدؐ

سفر اور سحر (شاعری) عظمت عبدالقیوم خان

محمدؐ کا زباں پر نام آیا

محمدؐ کا زباں پر نام آیا
مقدر تیرگی کا مسکرایا

مدینے کی زمیں تو وہ زمیں ہے
جہاں خود آسماں نے سر جھکایا

زمانے بھر میں جیسے نور پھیلا
شفاعت کا کوئی پیغام آیا

سلام اس پر کہ جس نے ظلمتوں کو
اُجالوں کا نیا عالم دکھایا

ہوا غل عرشِ اعظم کی فضا میں
وہ دیکھو صاحبِ معراج آیا

رسولِ پاک فخرِ آدمیت
لقب سرکار نے یہ بھی تو پایا

بہ نامِ حسنِ سرکارِ مدینہ
مہ و انجم کو جیسے وجد آیا

جہاں کے ہاتھ میں قرآن دے کر
جہاں کو اک تباہی سے بچایا

محمدؐ کی غلامی ہی سے عظمتؔ
میری امید نے کیا کچھ نہ پایا

نذرِ عقیدت

بحضور سرکارِ دو عالم سرورِ کائنات

اے کہ قانونِ الٰہی ہے ترا ہر اک پیام
آفتابِ اعتبارِ زندگی ہے تیرا نام

اللہ اللہ چھیڑ کر افسانۂ بدر و حنین
تونے دنیا کو دکھایا حق پرستی کا مقام

موم کے مانند پگھلے کفر کے ظلمت کدے
صبح بن کر جگمگایا دہر کا سارا نظام

سچ تو یہ ہے وقت کے ہاتوں سے تونے چھین لی
خون میں ڈوبی ہوی مسموم تیغِ بے نیام

ریگزاروں میں امیدوں کے چمن مہکا دیئے
مٹ گیا سارے جہاں سے فرقِ آقا و غلام

وہ مکمل دینِ حق تیرا کہ جس کے سامنے
محو ہو کر رہ گیا ہر ایک نقشِ ناتمام

رحمت اللعالمیں فخر زمین و آسماں
عظمتِ دل سوختہ بھی پیش کرتی ہے سلام

شانِ محمدؐ

تقدیرِ دو عالم ہے ثنا خوانِ محمدؐ
وہ کون ہے جس پر نہیں احسانِ محمدؐ

عاجز نظر آتے ہیں جہاں لوح و قلم بھی
کیوں کر ہو وہاں تذکرۂ شانِ محمدؐ

ہر درد سے آئے مرے خوشبوئے شفاعت
ہر یاد بنے شمعِ شبستانِ محمدؐ

جنّت تری کیا چیز ہے اے واعظِ ناداں
جنّت تو ہے اک گوشۂ دامانِ محمدؐ

ہر پھول پہ اک رنگِ حیاتِ ابدی ہے
شاداب ہے دنیا میں گلستانِ محمدؐ

پامال ہوئیں سطوتِ شاہی کی فصیلیں
جس سمت سے گزرے ہیں غلامانِ محمدؐ

عظمتؔ میرے افکار کی تقدیس اسے صدقے
اور عمر کی ہر سانس ہے قربانِ محمدؐ

دربارِ مدینہ

لرزاں ہیں مرے سازِ عقیدت پہ ترانے
امید کے سوئے ہوئے خوابوں کو جگانے
ہر سو نظر آتے ہیں خزانے ہی خزانے
مہکا ہے خیالات میں گلزارِ مدینہ

ہر اک کے لئے سلسلۂ فیض ہے جاری
مٹھی میں جہاں دولت کونین ہے ساری
آغوش میں لیتی ہے جہاں رحمتِ باری
کہتے ہیں وہ دربار ہے دربارِ مدینہ

•

ذرّوں نے ضیا گوہرِ والماس کو دی ہے
سورج کو جہاں بھیک اجالوں کی ملی ہے
بیدار جہاں شانِ جمالِ ابدی ہے
بس ایک وہ سرکار ہے سرکارِ مدینہ

•

اب دین سے مطلب ہے نہ مرغوب ہے دنیا
عظمتؔ ہو کوئی کام کسی اور سے اپنے کیا
رہتا ہے مرے ساتھ زمانے کا مسیحا
اک عمر سے ہوں صرف طلبگارِ مدینہ

•

عرضِ تمنّا

نزدیک بلاؤ مجھے سرکارِ مدینہ
وہ شہر دکھاؤ مجھے سرکارِ مدینہ

یہ وقت یہ حالات یہ طوفان کہاں تک
تعمیر میں تخریب کے سامان کہاں تک
بے نام سلگتے ہوئے ارمان کہاں تک

ایسے میں بچاؤ مجھے سرکارِ مدینہ
نزدیک بلاؤ مجھے سرکارِ مدینہ

آنکھوں میں دیئے اشک کے جلتے ہی رہے ہیں
ہر سانس میں طوفان مچلتے ہی رہے ہیں
شعلوں میں شب و روز پگھلتے ہی رہے ہیں

دیوانہ بناؤ مجھے سرکارِ مدینہ
نزدیک بلاؤ مجھے سرکارِ مدینہ

قبضے میں تمہارے ہیں خدائی کے خزانے
ہاں! صاحبِ لولاک بنایا ہے خدا نے
کیا دیر لگے گی مِری بگڑی کو بنانے

گرتی ہوں اٹھاؤ مجھے سرکارِ مدینہ
نزدیک بلاؤ مجھے سرکارِ مدینہ

التجا

ہمیں اپنا روضہ دکھا دیجئے گا
خدا کے لیئے اب بلا لیجئے گا

صبا ہو گزر تیرا سوئے مدینہ
تو کہنا کہ اب شق ہے فرقت میں سینہ
ہر اک پل ہے اب جیسے اک اک مہینہ
بھنور میں ہے اب زندگی کا سفینہ

ہمیں اپنا روضہ دکھا دیجئے گا
خدا کے لیئے اب بلا لیجئے گا

لیئے شوقِ دیدار آنکھوں میں کب سے
الگ ہو گئے جیتے ہیں دنیا میں سب سے
فقط کام ہے غم سے رنج و تعب سے
صبا! سر جھکا کر یہ کہنا ادب سے

ہمیں اپنا روضہ دکھا دیجئے گا
خدا کے لیئے اب بلا لیجئے گا

یہی آرزو ہے یہی التجائیں
نکلتی ہیں لب پر ہزاروں دعائیں
دیارِ مدینہ ہمیں بھی دکھائیں
نگاہوں سے اس خاک کو لیں لگائیں

ہمیں اپنا روضہ دکھا دیجئے گا
خدا کے لیئے اب بلا لیجئے گا

تمنا ہے سرکار روضے پہ آکر
ندامت کے آنسو مسلسل بہاکر
متاعِ دو عالم کو نزدیک پاکر
کہوں ہم کو رکھیئے تو اپنا بنا کر

ہمیں اپنا روضہ دکھا دیجئے گا
خدا کے لئے اب بلا لیجئے گا

یہی دل کے ارماں یہی دل کی حسرت
درِ پاک ہو اور جبینِ عقیدت
نگاہِ کرم! ہم ہیں خوابیدہ قسمت
بڑھا دیجئے اپنی عظمت کی عظمت

ہمیں اپنا روضہ دکھا دیجئے گا
خدا کے لئے اب بلا لیجئے گا

شوق زیارت

زمین و آسماں کا سر جھکائیں
مدینے کی فضائیں دیکھ آئیں

وہاں کی خاک مل جائے تو اس کو
ہم اپنی آنکھ کا سُرمہ بنائیں

شہِ کونین تیری سرزمیں پر
سوا تیرے سبھی کو بھول جائیں

جمالِ گنبدِ خضرا کے آگے
عقیدت سے بہت آنسو بہائیں

فروغِ جلوۂ ایماں ہو جس سے
غموں کے ساز پر وہ گیت گائیں

دیارِ رحمت اللعالمیں سے
سکونِ زندگی پھر ڈھونڈ لائیں

شہِ معراج تیرا نام لے کر
دلوں کے راستے پھر جگمگائیں

یہاں کی خاک کے ذرّے بھی وہ ہیں
جو مہر و ماہ سے آنکھیں ملائیں

رسولِ ہاشمی جس کا لقب ہے
چلو عظمتؔ اسی کو دیں صدائیں

"آقا میرے آقا"

آغاز تو یہ ہے کہ بس اک حرفِ تمنّا
جلتے ہوئے احساس کے ہمراہ رہا ہے
کتنے ہی شب و روز بہرحال گزارے
اس طرح کہ ہر زخم ہر اک داغ جلا ہے

•

چھیڑا ہے کہیں حسرتِ دیدار کا نغمہ
تیرے لیئے اے صبح گلستانِ محمدؐ
ہر سانس سے آتی رہی تقدیس کی خوشبو
ہر سانس ہے وابستۂ دامانِ محمدؐ

●

وہ نامِ محمدؐ ہے کہ اس نام کے آگے
جھکتا نظر آتا ہے مجھے عرشِ معلیٰ
کونین کے اوراق پہ ہے سب سے درخشاں
وہ نام کہ جو نام ہے محبوبِ خدا کا

●

وہ نام کہ جس نام سے تاریخ کی راہیں
لیتی ہیں مہ و مہر سے دن رات سلامی
شاہانِ زمانہ کو نہ کیوں رشک ہو اُس پر
دنیا میں میسّر ہے جسے اس کی غلامی

●

وہ جس نے زمانے کی سیاہی کو مٹا کر
کتنے ہی اجالوں کا دیا ہم کو سہارا
اوہام و عقائد کو بہر گام جھکا کر
تہذیب و تمدن کو بہر آن سنوارا

●

وہ جس کی ہر اک بات تھی فرمانِ الٰہی
جو کعبۂ مقصود ہے جو نورِ مجسم
وہ جس نے خدائی کو دیا صورتِ قرآں
ظلمت کدۂ دہر میں اک صبح کا پرچم

●

وہ ماہِ عرب، مہرِ عرب، رحمتِ عالم
لاریب اگر دہر میں تشریف نہ لاتا
انساں کی بھٹکتی ہوئی روحوں کو جہاں میں
مسموم اندھیروں سے بھلا کون بچاتا

●

وہ جس کے ہر اک لفظ کا اندازِ صداقت
سورج کی طرح وقت کے دل میں اُتر آیا
صدیوں کے سلگتے ہوئے خوابوں کو اٹھا کر
تعبیر کے مہکے ہوئے پھولوں سے ملایا

●

وہ جس نے ہر اک ذرّۂ ناچیز کو بخشا
دنیائے مہ و مہر کا معمور خزانہ
وہ جس کے لیے حُسنِ ازل بھی ہے ابد بھی
وہ جس کی نگاہوں میں ہے ہر ایک زمانہ

●

عظمتؔ ہے مرا دل بھی اسی نور کا شیدا
قسمت پہ ہوں نازاں کہ مجھے اس نے پکارا
آتی ہیں صدائیں یہی اب تارِ نفس سے
آقا! مرے آقا!! یہ ہے احسان تمہارا

•

سفر اور سحر (شاعری) عظمت عبدالقیوم خان

جاتے ہوئے مدینے کی راہوں میں

•

کیا مبارک ہے یہ سفر اپنا
آرزو کے چراغ جلتے ہیں
راستوں کی فضا نکھرتی ہے
سینکڑوں خواب ساتھ چلتے ہیں

•

•

سب خیالوں کے چھٹ گئے بادل
صرف اب تو خیال آپؐ کا ہے
یا محمدؐ! زمیں سے تا بہ فلک
جیسے ہر سُو جمال آپؐ کا ہے

•

اور زادِ سفر نہیں لیکن
چند آنسو ہیں، چند آہیں ہیں
عرش بھی پست پست سا ہے آج
روضۂ پاک پر نگاہیں ہیں

•

●

آسماں بھی جواب بن نہ سکا
اے مدینے کی سرزمیں تیرا
سچ تو یہ ہے کہ ذرّہ ذرّہ ہے
خلدزا نور آفریں تیرا

●

کیا کہوں اپنے دل کی حالت کو
خوبصورت سا پھول ہے جیسے
مرکزِ جان و کعبۂ مقصد
اب دیارِ رسولؐ ہے جیسے

●

•

گردِ غم دور ہوگئی ساری
اور اک روشنی چلی آئی
با ادب، ہوشیار اے عظمتؔ
لے وہ دیدار کی گھڑی آئی

•

•

آغاز تو یہ ہے کہ بس اک حرفِ تمنّا

جلتے ہوئے احساس کے ہمراہ رہا ہے

کتنے ہی شب و روز بہر حال گزارے

اس طرح کہ ہر زخم ہر اک داغ جلا ہے

•

•

چھیڑا ہے کہیں حسرتِ دیدار کا نغمہ
تیرے لئے اے صبحِ گلستانِ محمدؐ
ہر سانس سے آتی رہی تقدیس کی خوشبو
ہر سانس ہے وابستۂ دامانِ محمدؐ

•

وہ نامِ محمدؐ ہے کہ اس نام کے آگے
جھکتا نظر آتا ہے مجھے عرشِ معلّٰی
کونین کے اوراق پہ ہے سب سے درخشاں
وہ نام کہ جو نام ہے محبوبِ خدا کا

•

●

دہ نام کہ جس نام سے تاریخ کی راہیں
لیتی ہیں مہ و مہر سے دن راست سلامی
شاہانِ زمانہ کو نہ کیوں رشک ہو اُن پر
دنیا میں میسر ہے جسے اس کی غلامی

●

دہ جس نے زمانے کی سیاہی کو مٹا کر
کتنے ہی اجالوں کا دیا ہم کو سہارا!
اوہام و عقائد کو بہ سرگام جدا کر
تہذیب و تمدن کو بہر آن سنوارا!

●

•

وہ جس کی ہر اک بات تھی فرمانِ الٰہی
جو کعبۂ مقصود ہے۔ جو نورِ مجسّم
وہ جس نے خدائی کو دیا صورتِ قرآں
ظلمت کدۂ دہر میں اک صبح کا پرچم

•

وہ ماہِ عرب۔ مہرِ عرب۔ رحمتِ عالم
لاریب اگر دہر میں تشریف نہ لاتا
انساں کی بھٹکتی ہوی روحوں کو جہاں میں
مغموم اندھیروں سے بھلا کون بچاتا

•

•

وہ جس کے ہر اک لفظ کا اندازِ صداقت
سورج کی طرح وقت کے دل میں اُتر آیا
صدیوں کے سلگتے ہوئے خوابوں کو اٹھا کر
تعبیر کے مہکے ہوئے پھولوں سے ملایا

•

وہ جس نے ہر اک ذرّۂ ناچیز کو بخشا
دنیائے مہ و مہر کا معمور خزانہ
وہ جس کے لیے حُسنِ ازل بھی ہے ابد بھی
وہ جس کی نگاہوں میں ہے ہر ایک زمانہ

•

•

عظمتؔ ہے مرا دل بھی اسی نور کا شیدا
قسمت پہ ہوں نازاں کہ مجھے اس نے پکارا
آتی ہیں صدائیں یہی اب تارِ نفس سے
آقا مرے آقا ہے یہ احسان تمھارا

•

سفر اور سحر (شاعری) عظمت عبدالقیوم خان

مدینے میں

یہ مدینہ ہے یہ مدینہ ہے
عرش کی رفعتوں کا زینہ ہے

میرے خوابوں کی سرزمیں ہے یہی
منزلِ عظمتِ و یقیں ہے یہی

فکر ہے آج مطلعِ انوار
دل دھڑکتا ہے روح ہے بیدار

اب کہیں گردِ ماہ و سال نہیں
کوئی اندیشۂ زوال نہیں

نور چھنتا ہے ان فضاؤں میں
ایک خوشبو سی ہے ہواؤں میں

فکرِ سود و زیاں نہیں کوئی
رنج و غم کا نشاں نہیں کوئی

دولتِ عشق ہاتھ آئی ہے
دل نے اپنی مراد پائی ہے

رک گئی جیسے وقت کی رفتار
چھٹ گیا ذہن سے ہر ایک غبار

ہے اذانوں میں اب بھی روحِ بلالؓ
وہی عالم ہے اور وہی ہے جمال

سوچ کے راستے نکھرتے ہیں
دور تک نقشِ پا ابھرتے ہیں

نور و نکہت کا قافلہ آیا
وقت کے راستوں کو چمکایا

غل ہوا مردِ انقلاب آیا
ڈھل گئی رات آفتاب آیا

کوچۂ دل میں ایک ضو آئی
شکلِ انساں میں صبح نو آئی

کون وہ جو کہ فخرِ آدم ہے
دہر میں رحمتِ مجسّم ہے

یہ مدینہ وہ سرزمیں ہے جہاں
گونج اٹھا پیامِ امن و اماں

زندگی کو نیا مقام ملا
حسنِ تقدیس و احترام ملا

ہیں یہیں محوِ خواب ختمِ رُسل
اس کو سمجھو دیارِ لالہ و گُل

چارۂ دردِ زندگی ہے یہاں
دیدہ و دل کی روشنی ہے یہاں

گوشِ دل سے کوئی سنے تو ابھی
ہر اذاں ہے صدا محمدؐ کی

نورِ وحدت کی برتری ہے وہی
اور شانِ پیمبری ہے وہی

کوئی کہتا ہے اس طرف آؤ
عظمتوں کا نشان بن جاؤ

عدل و انصاف کا زمانہ ہو
حسنِ اخلاق کا فسانہ ہو

ہر نظر ہو متاعِ چارہ گری
ٹوٹ جائے فسونِ بے خبری

زندگی کا شعور جاگ اٹھے
کیف و لطف و سرور جاگ اٹھے

ذہن و افکار میں دھواں نہ رہے
راہ گم کردہ کارواں نہ رہے

پھینک دو ظلمتوں کا پیراہن
دور ہو جائے فاصلوں کی تھکن

عظمت عبدالقیوم خان
سفر اور سحر (شاعری)

ہوش بدمستیوں کو آجائے
حمدِ باری فضا میں لہرائے

نورِ ایمان ساتھ ساتھ رہے
عِلم قرآن ساتھ ساتھ رہے

بندگی شانِ امتیاز میں ہو
سوز پیدا ہر اک نماز میں ہو

یہ مدینہ یہ سرزمیں عظمت
میرے قلب و نظر کی ہی جنّت

گم خیالوں میں ہو یہاں آکر
ہے جہانتاب ایک اک منظر

کھل گیا رحمتوں کا دروازہ
اور ایمان ہوگیا تازہ

کیا کہوں میں کہ میں نے کیا پایا
مختصر یہ کہ مدعا پایا

میں نے ہر سمت نور سا دیکھا
ذرّے ذرّے میں طور سا دیکھا

فرش سے عرش کو قریں پایا
کچھ جو پایا تو بس یہیں پایا

مٹ گئے نقشِ درد و غم سارے
جگمگائے ہزار مہ پارے

دیکھ کر حُسنِ گنبدِ خضرا
جھک گیا سر مری عقیدت کا

دل پکارا کہ یا رسول اللہ
بخدا میرا ہر نفس ہے گواہ

آرزو کی حسین موت مروں
جان و تن آپ پہ نثار کروں

قطعہ

شہ کونین کا عظمتؔ زباں پر نام آتے ہی
نگوں سر ہو گئے اوہام کے سارے صنم خانے
اگر مقبول ہو جائیں تو مہر و ماہ بن جائیں
دکن سے ہم جو لے کر آئے ہیں اشکوں کے نذرانے

سوادِ کعبہ میں

اے خدا زندگی کی راہوں میں
ہر نفس ہے حبِ راحت تازہ

تیرہ بختی کے ان حصاروں میں
بند ہے روشنی کا دروازہ

سامنے اور کتنے طوفاں ہیں
آج مشکل ہے اس کا اندازہ

عقل و دانش کی درسگاہوں میں
رقص کرنے لگی ہے عریانی

زیست کا اعتبار مہنگا ہے
اور سستا ہے خونِ انسانی

جھانکتی ہے اُداس آنکھوں میں
ہر جگہ آج دل کی ویرانی

بحرو بر میں کہیں سکون نہیں
کس طرف جا رہی ہے یہ دنیا

مادیت کی تیز آندھی ہے
شور ہر سمت ہے مشینوں کا

ہر قدم پر ہیں لاکھ ہنگامے
اور ہر ایک پھر بھی ہے تنہا

سفر اور سحر (شاعری)		عظمت عبدالقیوم خان

•

عقل ہر گام پر یہ کہتی ہے
اب خلاؤں میں ہے سفر اپنا

اس زمانے میں چاند کو سمجھو
صرف ایک نقشِ رہگذر اپنا

ذرّے ذرّے کو ہم بنائیں گے
ایک آئینۂ سحر اپنا

•

•

علم کو ادعا کہ میں نے ہی
قفل کھولا ہے ہر خزانے کا

آشنا ہو کہ ہر حقیقت سے
روپ بدلا ہے ہر فسانے کا

میرے پہلو میں دل دھڑکتا ہے
آج ہر پل کا ہر زمانے کا

•

حسنِ تہذیب کی پناہوں میں
زندگانی کا بانکپن دیکھو

کتنی دلکش ہے کتنی روشن ہے
آج خوابوں کی انجمن دیکھو

خواہشوں کے حسین چہروں پر
غازۂ اعتبارِ فن دیکھو

ایٹمی طاقتوں کے سائے میں
وقت اب بجلیوں پہ چلتا ہے

اُفقِ تازہ پر نظر ڈالو
ایک سورج نیا نکلتا ہے

روح میں تیرگی اترتی ہے
روشنیوں میں جسم پلتا ہے

•

زیرِ فرمان یہ چاند تارے ہیں
حکمرانی ہے ان ہواؤں پر

حال و ماضی سے تا بہ مستقبل
علم و تحقیق کو ہے سب کی خبر

یہ ترقی یہ روشنی ہے بجا
دعوئ آگہی درست مگر

سفر اور سحر (شاعری) عظمت عبدالقیوم خان

•

خاک اڑتی ہے کیوں زمانے میں
زخم چنتی ہے کیوں حیات ابھی

مطمئن کیوں نہیں ہر روحِ بشر
کیوں لرزتی ہے کائنات ابھی

دن پہ ہوتا ہے یہ گماں اکثر
جیسے چھائی ہوئی ہے رات ابھی

•

●

ایک دیوانگی ہے وحشت ہے
عصرِ حاضر کی تیز رفتاری

روز و شب یوں تھکے تھکے سے ہیں
بوجھ کاندھوں پہ جیسے ہو بھاری

کوئی ایسے میں کہہ نہیں سکتا
زندگی خواب ہے کہ بیداری

●

عقل و ادراک نے بنائی ہیں
ہر طرف بے شمار تصویریں

آسمانوں سے بات کرتی ہیں
سربلند و عظیم تعمیریں

وقت مٹھی میں لے کے پھرتا ہے
آج کون و مکاں کی تقدیریں

دامنِ فکر میں سمٹ آئے
دشت و کہسار و بحر و بر سارے

تیز رو جستجو کی راہوں میں
سر جھکائے ہوئے ہیں نظارے

انقلابات لے کے چلتے ہیں
اپنے ہمراہ وقت کے دھارے

●

بُت پرستی کا دور بیت گیا
خود پرستی کا دور آیا ہے

سائنس نے اپنے کارناموں سے
ذرّے ذرّے کو جگمگایا ہے

ارضِ تیرہ نے سلسلہ اپنا
آسمانوں سے جا ملایا ہے

●

معجزانہ ترقیاں ہیں مگر
اب بھی سینے میں گھاؤ ہیں کتنے

جسم ۔ اخلاق ۔ پیار ۔ فکر ۔ ضمیر
مال و اسباب ہیں تجارت کے

کوئی مقصد نہیں ہے جینے کا
جیسے ٹوٹے ہوئے ہیں سب رشتے

•

کیا قیامت ہے کیا تماشہ ہے
آدمی، آدمی سے ڈرتا ہے

وقت فکر و نظر کے خاکوں میں
صرف نفرت کا رنگ بھرتا ہے

اب کسی کو نہیں کسی کا پتہ
کون جیتا ہے کون مرتا ہے

•

•

جنگ و غارت گری کے میداں میں
چیختے ہیں جہنمی ہتھیار

زہر آلود سی فضاؤں میں
موت آساں ہے زندگی دشوار

ہر گھڑی تنگ ہوتے جاتے ہیں
تیز رفتار آندھیوں کے حصار

•

●

اے خدا اب تیری خدائی میں
زندگی ڈھونڈتی ہے جائے پناہ

خودپرستی کی آگ میں جل کر
تیرا شہکار ہو رہا ہے تباہ

پھر ہر اک قلب کو عطا کر دے
دولتِ لَا اِلٰہَ اِلَّا اللہ

●

منکرانِ خدا سے

سوال یہ ہے کہ انسانیت کی راہوں میں
کھڑی ہیں آج بھی کیوں ظلمتوں کی دیواریں
ابھر رہے ہیں خیالوں میں موت کے سائے
لٹک رہی ہیں سروں پہ مہیب تلواریں

•

نئے جہاں کی چمکتی ہوی فضاؤں میں،
کہیں قرار نہیں ہے کہیں سکون نہیں
کہیں فلک سے برستے ہیں سرخ انگارے
کہیں یہ حال کہ شعلے اُگا رہی ہے زمیں

•

یہ علم و عقل کے دعوے بجا۔ درست مگر
بتاؤ امن و اماں کا کہیں وجود بھی ہے
اسیرِ عزم و عمل مہر و ماہتاب ہوے
مگر کہیں کوئی عنوانِ ہست و بود بھی ہے

•

•

بہت حسین ہیں تہذیب کے سجے بازار
ترقیوں کے سبھی کاروبار چلتے ہیں
گناہ و مکر و فریب و دغا کے سائے چراغ
ضمیر و علم و خرد کے لہو سے جلتے ہیں

•

سوال یہ ہے کہ تہذیب کی نگاہوں میں
بجائے نورِ یقیں۔ بے کراں اُداسی ہے
ہر اک بدن پہ ہے زرکار پیرہن لیکن
ہر اک روح زمانے میں آج پیاسی ہے

•

●

جواب یہ ہے کہ مذہب سے ہو کے بیگانہ
دلوں کے چاک یہاں کوئی سی نہیں سکتا
کسی کے آگے اگر مقصدِ عظیم نہ ہو
تو صرف جینے کی خاطر وہ جی نہیں سکتا

●

خدا کی ذات ہے بس زندگی کا سرچشمہ
ازل سے تا بہ ابد کچھ نہیں خدا کے سوا
وہی ہے خالق و مختار و قادرِ مطلق
وہی ہے قائم و دائم وہی ہے بے ہمتا

●

•

اسی کو مان کے آگے بڑھو تو سمجھو گے
حیات اور بھی ہے اس حیات سے آگے
نہیں ہے بندۂ حق کی نظر سے پوشیدہ
وہ کائنات جو ہے کائنات سے آگے

•

جواب یہ ہے کہ قرآں سے روشنی مانگو
تو ایک پل میں نظر آئے اور ہی عالم
محمدِ عربی نے یہی پیام دیا
محمدِ عربی کی پیمبری کی قسم

•

قطعہ

•

یہ اک دولت جو میرے ہاتھ آئے
تو اس کو حاصلِ کونین سمجھوں
اُٹھا کر گنبدِ خضرا کو عظمتؔ
تمنّا ہے کہ میں سینے میں رکھ لوں

•

قطعہ

•

مہکی ہوئی ہیں آج تصوّر کی وادیاں
سو سو طرح کے رنگ ہیں ایک ایک پھول میں
عظمتؔ دکن میں لوٹ کے ہم آئے ہیں مگر
دل اپنا چھوڑ آئے دیارِ رسولؐ میں

•

قطعہ

•

روش روش سے نسیمِ سحر گزرتی ہے
پیامِ شوق بنی ہے کلی کلی اب کے
زہے نصیب مرے دل کی دھڑکنوں کے قریب
رُکی ہے آکے مدینے کی ہر گلی اب کے

•

قطعہ

•

تمنّا ہے کہ ہر نقشِ وفا میں
شعورِ زندگی کا رنگ بھرلوں
مِری معراج تو عظمتؔ یہی ہے
کہ ذکرِ صاحبِ معراج کرلوں

•

قطعہ

شب و روز ہیں میرے مہکے ہوئے سے
نگاہوں میں ہے صرف خوابِ مدینہ
اندھیروں کا شکوہ نہیں مجھ کو عظمتؔ
کہ دل میں ہے اب آفتابِ مدینہ

•

قطعہ

•

حسرت تو یہ ہے مجھ کو خدا اور دکھائے
اک بار اسی طرح درِ پاکِ مدینہ
عظمتؔ کے لیے سُرمۂ انوارِ بصیرت
اک بار اسی طرح بنے خاکِ مدینہ

•

قطعہ

•

دیدۂ و دل کی روشنی کے لئے
حسرتِ ناتمام کافی ہے
اے خدا! کائنات کے بدلے
اک محمدؐ کا نام کافی ہے

•

آج ـــــ اور ـــــ

(۱)

وقت آواز دے رہا ہے سنو
خوابِ غفلت سے اب تو جاگ اٹھو
یہ فراموش کاریاں کب تک
روح کی سوگواریاں کب تک
ساری دنیا میں آج رسوا ہو
کل تلک کیا تھے اور اب کیا ہو
زر کی چوکھٹ پہ سر جھکاتے ہو
زندگی کا فریب کھاتے ہو

•

(۲)

پست ہو آج سر بلند تھے کل
اور حق کوش و ارجمند تھے کل
تم دلِ پاکباز رکھتے تھے
نگہِ چارہ ساز رکھتے تھے
فاتحِ حسنِ کائنات تھے تم
آرزوئے دلِ حیات تھے تم
نظمِ عالم کو تم بدلتے تھے
روشنی ساتھ لے کے چلتے تھے

•

(۳)

تم کو سونپی گئی تھی سرداری
عدل ۔ انصاف اور رواداری
بزمِ تہذیب کی ضیا تم تھے
ہر زمانے کے رہنما تم تھے
ایک تاریخ کر چکے ہو رقم
تھے جہاں میں مثالِ ابرِ کرم
تم نے اخلاق کو سنوارا تھا
نقشِ اُمید کو اُبھارا تھا

●

(۴)

تم پہ نازاں تھی شانِ علم و عمل
دستِ و بازو تھے تمہارے شل

تم کو دنیا بہار کہتی تھی
زندگی ساتھ ساتھ رہتی تھی

گیت وحدت کے تم سناتے تھے
روحِ آفاق کو جگاتے تھے

بندۂ حق بھی حق شناس بھی تھے
حُسنِ اخلاص دالتماس بھی تھے

•

(۵)

سر بہ سر ایک انقلاب تھے تم
زندگی کا حسین خواب تھے تم
مشعلِ عزم و جستجو تم تھے
رزم گاہوں کی آبرو تم تھے
تم نے ہر ظلم کو کیا پامال
کوئی تاریخ دے سکی نہ مثال
تم نے ہر تیرگی کو ٹھکرایا
بزمِ عالم کو خوب چمکایا

●

(۶)

اب مگر اور ہی کچھ عالم ہے
تم ہو اور زندگی کا ماتم ہے
حوصلہ ہے نہ حق پرستی ہے
زیست مہنگی ہے موت سستی ہے
کیوں فسانوں میں کھو گئے آخر
راہ سے دور ہو گئے آخر
شوقِ بے مایہ کے اسیر ہو اب
محترم تھے کبھی حقیر ہو اب

(۷)

کس لیئے ہے یہ سب پریشانی
ہائے اندازِ نا مسلمانی
عظمتوں کا پیام یاد کرو
آپ اپنا مقام یاد کرو
ذرّہ ذرّہ تمہیں بلاتا ہے
وقت خود آئینہ دکھاتا ہے
پھر ابھارو وفا کی تحریریں
اور فکر و نظر کی تنویریں

•

(۸)

پھر محمدؐ کا نام دل پہ لکھو
اپنا انداز زندگی بدلو

تم سنبھل جاؤ تو جہاں کیا ہے
کیوں تمہیں تیرگی کا شکوا ہے

تم تو مہرِ تمام رکھتے ہو
اک مکمّل نظام رکھتے ہو

دامنِ مصطفٰی میں آجاؤ
خود سمجھ لو تو سب کو سمجھاؤ

•

(۹)

ہم نے کھوئی ہوئی سحر پائی
ارضِ طیبہ سے پھر صبا آئی
یاد بھولا ہوا سبق آیا
دل کی وادی میں نورِ حق آیا
زندگی کے نشان ملنے لگے
ہر طرف اب تو پھول کھلنے لگے
جگمگایا خلوصِ فکر و نگاہ
لب پہ ہے آج یا رسول اللہ

•

قطعہ

•

مدینے سے بلاوے آرہے ہیں
چراغِ شوق جلتے جا رہے ہیں
سرِ فکر و نظر پھر آج عظمتؔ
سویرے خلد کے لہرا رہے ہیں

•

درِ حرم پر

چمک اٹھے ہیں خیالوں کے آج آئینے
مثالِ مہرِ درخشاں ہے سرزمینِ حرم
ہے لا الہٰ کی وہ ایک ضربتِ کاری
توہمات کے ٹوٹے ہیں جس سے لاکھ صنم
متاعِ بندگی و عجز کچھ اگر ہے تو
حضورِ ایزدِ باری ہے دیدۂ پرنم

●

•

خموشیوں کی زبان بن گیا ہے ہر آنسو
ہے ایک طرزِ بیان ہر سکوت سے پیدا
ہر ایک قطرۂ ناچیز بحر آسودہ
بنی ہوی ہے دعا دل کی دھڑکنوں کی صدا
شراب جلوۂ وحدت سے ہیں سبھی بے خود
یہاں کسی کو کسی کا بھی ہوش اب نہ رہا
ادب سے وسعتِ صد کائنات کہتی ہے
قسم خدا کی نہیں اور کچھ خدا کے سوا

•

قطعہ

•

شرابِ عشقِ محمدؐ کا دل ہے متوالا
عجب فضا ہے عجب مے کدہ ہے ساقی ہے
یہ اعتراف ہے عظمتؔ زبانِ غالبؔ میں
"سخن تمام ہوا اور مدح باقی ہے"